SOUVENIRS

DE

LOUIS PÉRIER

Ancien Inspecteur
et Vérificateur des poids et mesures de la Haute-Vienne,
Auteur de plusieurs ouvrages

BREVETÉ ET DÉCORÉ

DE LA MÉDAILLE DE SAINTE-HÉLÈNE

après 34 ans de services civils ou militaires

et

SES RELATIONS

AVEC PLUSIEURS HOMMES ILLUSTRES

DU LIMOUSIN

LIMOGES

IMPRIMERIE DE CHAPOULAUD FRÈRES

Rue Montant-Manigne, 7

1861

AVIS IMPORTANT.

Ce serait en vain qu'on chercherait à prix d'argent à se procurer cet Ouvrage. M. Périer ne le vend pas : il en fait hommage à ses amis et à ses nombreuses connaissances tant dans le civil que dans la magistrature, le clergé, le militaire, sans oublier ses camarades les vétérans du premier Empire.

Cet opuscule, bientôt épuisé, se trouvera toujours à la Bibliothèque communale de Limoges avec les nombreux ouvrages déjà publiés. On remarquera surtout parmi ceux-ci le Rapport, l'Exposé, le Mémoire, et surtout le Tableau où se trouve une colonne sur laquelle sont érigées les statues de Napoléon Ier et de Napoléon III.

Limoges. — Imp. de Chapoulaud frères.

JOURDAN.

—

En l'an VIII (1800), j'avais l'honneur de servir dans
le 4ᵉ hussards sous ce célèbre général. Le vainqueur
de Fleurus m'accueillit avec la plus grande bonté, et
je lui dois une vive reconnaissance pour les nombreux
services qu'il m'a rendus. C'est pour m'acquitter autant
qu'il était en moi de la dette que j'avais contractée
envers mon compatriote que, le 11 juin 1859, j'adressai

à notre honorable député M. Noualhier, alors maire de Limoges, la lettre suivante :

« Monsieur le Maire,

» Au moment où l'on va placer à Limoges la statue de l'illustre Jourdan, votre grand-père, M. Mercier, de Paris, a annoncé qu'il existe des mémoires du maréchal sur les campagnes de 1796 et de 1797 et de minutieuses observations sur celles de 1795.

» J'ai vainement fait chercher ces mémoires : s'ils n'existent qu'en manuscrit, leur publication en ce moment serait des plus opportunes.

» J'ai l'honneur d'être, etc.

» L. Périer. »

Cette lettre ne produisit aucun résultat immédiat ; mais, quelque temps après, je fus assez heureux pour me procurer un exemplaire des précieux mémoires.

Du reste, les concitoyens de Jourdan ont senti que la gloire de celui qui sauva la France en 1794 réjaillissait sur eux, et, le 30 septembre 1860, une statue lui fut érigée sur la place Tourny.

M. le comte de Coëtlogon, préfet de la Haute-Vienne, préluda à la cérémonie par un discours aussi remarquable par le style que par la pensée.

M. Lafont de Villiers, général de division, commandant le département, parla ensuite, et, d'une voix forte et éloquente, il esquissa en quelques mots la vie militaire du général héros de la fête.

M. Louis Ardant, maire de Limoges, succéda au général de Villiers, et sa parole entraînante émut vivement les nombreux auditeurs qui se pressaient autour de lui lorsqu'il prononça ces mots :

« Ne voyez-vous pas, Messieurs, se dresser devant vous d'autres grandes figures dont la France est fière, dont notre pays est glorieux?.... A l'an prochain pour Bugeaud ! à bientôt pour les autres ! »

La cohorte des vétérans de la république et de l'empire, de tous les médaillés de Sainte-Hélène, qui formaient le plus bel ornement de cette fête de famille, fit alors entendre un cri énergique de *vive l'Empereur ! vive Jourdan !* qui fut bientôt répété par l'assemblée entière.

Parmi les célébrités militaires du pays avec lesquelles j'ai eu des relations, je ne dois pas oublier le général baron Dalesme, qui lui aussi représenta noblement le Limousin à cette époque où surgirent, comme par enchantement, tant de talents illustres qui peut-être sans les circonstances qui en provoquèrent la manifestation fussent restés complètement ignorés.

Le général Dalesme était fils d'un imprimeur de Limoges justement estimé. Il comptait plusieurs frères qui se sont tous distingués dans les diverses carrières qu'il leur fut donné de parcourir. L'un d'eux fut aide-de-camp de Jourdan. Un autre, officier supérieur du génie, fut le père du lieutenant général du génie Casimir Dalesme, qui a commandé en Crimée, et qui est aujourd'hui général inspecteur de son arme.

Le général dont il est ici question s'acquit une réputation brillante en Italie. Après avoir reçu de graves et honorables blessures près Castel-Nuovo, il fut employé à l'intérieur. Il était commandant de l'île d'Elbe lorsque l'Empereur y fut exilé.

Ce fut le général Dalesme qui le reçut à Porto-Ferrajo le 5 mai 1814, et à qui l'Empereur adressa ces mémorables paroles qui passeront à la postérité :

« Général, j'ai sacrifié mes droits aux intérêts de ma patrie, et je me suis réservé la propriété et la souveraineté de l'île d'Elbe. Faites connaître aux habitants le choix que j'ai fait de leur île pour mon séjour; dites-leur qu'ils seront toujours pour moi l'objet de l'intérêt le plus vif. »

A la restauration, Dalesme fut mis à la retraite. Il se retira alors à sa propriété de Charat. C'est là que je l'ai vu aussi simple, aussi modeste que le plus inconnu de ses compagnons d'armes.

Nommé, depuis la révolution de 1830, commandant des *Invalides*, il mourut à cet hôtel, le 14 avril 1832, victime du choléra. Il fut inhumé dans les caveaux de l'église, et, rapprochement curieux! le maréchal Jourdan, le général Dalesme, le maréchal Bugeaud, tous trois nés à Limoges, tous trois sont morts à Paris, tous trois sont enterrés aux *Invalides*.

Peu après le décès du général Dalesme, on lisait, affichée dans toutes les salles de l'hôtel, l'inscription suivante :

Le général est mort au monde, mais il ne mourra jamais aux Invalides.

La ville de Limoges a donné à une rue nouvellement percée sur l'emplacement de la maison où est né le général le nom bien mérité de rue *Dalesme*.

LIMOGES. — IMPRIMERIE DE CHAPOULAUD FRÈRES,
Rue Montant-Manigne, 7.

LE MARÉCHAL BUGEAUD,
DUC D'ISLY.

Plusieurs pays se disputent la gloire d'avoir donné naissance au maréchal Bugeaud, mais on ne peut contester cet honneur à la ville de Limoges.

On lit dans les registres de l'état civil de l'église de Saint-Pierre :

« Le 15 octobre 1784, j'ai baptisé Thomas-Robert, né le même jour, fils légitime de Jean-Ambroise Bugeaud, chevalier, seigneur de La Piconnerie, et de dame Françoise de Sutton de Clonard, dame de La Piconnerie, son épouse ; a été parrain messire Robert de Sutton, vicomte de Clonard, lieutenant des vaisseaux du roi, chevalier de l'ordre royal et militaire de Saint-Louis, et marraine, dame Thomassine-Marie de Sutton de Clonard, dame de Frenet. Le parrain a été représenté par M. Louis Letocq, et la marraine par Mlle Anne Peyrimony, qui signe avec moi.

> » DAYMA,
> » *Vicaire de Saint-Pierre.* »

Cette pièce, soigneusement recopiée par moi, fut offerte à M. le maréchal Bugeaud, à son passage à Limoges, le 15 janvier 1845 : j'eus soin de consigner à la suite que j'étais moi-même élève de ce même M. Dayma.

A cette occasion, j'eus l'honneur d'adresser la lettre suivante à S. M. Louis-Philippe :

« SIRE,

» Notre illustre compatriote le maréchal Bugeaud, à son passage à Limoges le 15 janvier dernier, a bien voulu accueillir l'hommage du tableau que j'ai l'honneur de vous présenter. Quelques journaux de la Dordogne ayant essayé de rattacher à leur département la naissance du maréchal, j'ai cru qu'il m'appartenait, à moi élève du bon prêtre qui baptisa M. le duc d'Isly, de retracer les traits de mon excellent précepteur, et de rappeler l'extrait de baptême de celui qui dans nos annales viendra se placer un jour à côté de Jourdan, décédé, en 1833, maréchal et gouverneur de l'hôtel des Invalides, et de cette foule de guerriers célèbres qui ont vu le jour dans nos murs.

> » Je suis avec le plus profond respect de Votre Majesté,
> » SIRE,
> » Le très-dévoué et très-fidèle serviteur et sujet.
> » LOUIS PÉRIER.

» Limoges, le 2 février 1845. »

Il est donc bien démontré que le duc d'Isly est Limousin : toutefois l'Irlande réclame notre compatriote au moins quant à l'origine.

L'illustre maréchal est né d'un père français, disent

les Irlandais ; il eut pour mère une Irlandaise. Une lettre adressée de Cork à un journal de Londres, *Literary-Gazette*, contient, à ce sujet, quelques détails que reproduit *l'Observer,* et que nous publions :

« M. Bugeaud (Thomas) est le plus jeune fils du marquis de La Piconnerie et de Mlle de Clonard , fille du comte de Clonard , lequel était issu d'une ancienne et respectable famille irlandaise du nom de Sutton (Wexford). Le comte de Clonard et sa femme s'étaient réfugiés en France pendant la persécution dont les catholiques étaient l'objet, amenant avec eux une nombreuse famille :

» Mlle de Clonard , entre autres, avait reçu le jour en Irlande. De son mariage avec le marquis de La Piconnerie (1771) provinrent plusieurs enfants : les deux frères aînés de Thomas , ou MM. Patrick et Ambroise, étaient tous deux officiers dans la brigade irlandaise que les rois de France entretenaient à leur service. Ils émigrèrent avec leurs oncles maternels , et, lorsque, en 1794 , la brigade passa à la solde de l'Angleterre, ils y conservèrent leurs grades respectifs , celui de colonel et celui de major..... »

Puisque j'ai parlé de colonnes et de statues, qu'on me permette de faire connaître une lettre que j'eus l'honneur d'adresser à Sa Majesté Napoléon III le 14 septembre 1853 :

« SIRE ,

» J'ai fait ériger à la mémoire de votre oncle auguste une magnifique statue, due à l'habile ciseau du sculpteur Delsol et au talent éprouvé de M. Madoumier, doreur distingué de notre ville.

» Cette statue, d'un mètre soixante centimètres de hauteur, parfaitement exécutée , est placée au milieu d'une pièce d'eau limpide dans ma propriété de La Mazelle , à cinq kilomètres de Limoges. Elle est posée sur une colonne de granit de quatre mètres de hauteur, ornée de bas-reliefs, et entourée de couronnes, d'aigles et de drapeaux ; elle peut être parfaitement aperçue des montagnes de Grand-Mont, distantes de plus de vingt kilomètres.

» C'EST NAPOLÉON A L'ILE D'ELBE.

» L'idée de ce monument me fut inspirée. il y a longues années, par mon ancien ami et compatriote feu le général Dalesme, qui reçut comme commandant français le grand homme à l'île d'Elbe le 5 mai 1814.

» Les habitants de Limoges et des communes circonvoisines viennent maintenant en pèlerinage à La Mazelle. Pas un soldat de la nombreuse garnison de la 21ᵉ division militaire ne la voit sans se découvrir, et sans faire retentir les airs du cri de *vive l'Empereur !*

» Le petit chapeau surtout produit sur nos paysans un effet magique : ils restent devant lui comme en extase.

» Ancien soldat de l'empire, j'ai reporté sur le neveu le dévoûment que je portais à l'oncle, et je viens vous prier, Sire, de vouloir bien recevoir les hommages respectueux de celui qui est

» DE VOTRE MAJESTÉ

» Le très-humble et très-obéissant serviteur,

» LOUIS PÉRIER. »

Les nombreux ouvrages que j'ai publiés ont été adressés à une foule de grands personnages. Ce qui m'a valu une correspondance et les remercîments de ces hommes illustres; de Sa Majesté Napoléon III; de M. le maréchal Soult; de M. l'amiral Roussin; du glorieux maréchal duc d'Isly; de M. Guizot; de M. Dupin; de M. Tixier, premier président de la cour impériale de Limoges; de plusieurs préfets, députés, hommes de lettres, membres du conseil d'État, et de ce saint archevêque de Paris mort à une époque désastreuse de notre histoire, en 1848.

LIMOGES. — IMPRIMERIE DE CHAPOULAUD FRÈRES,
Rue Montant-Manigne, 7.

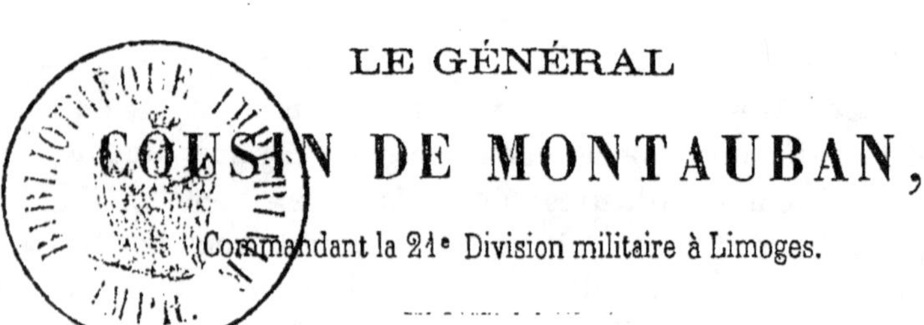

LE GÉNÉRAL
COUSIN DE MONTAUBAN,

Commandant la 21ᵉ Division militaire à Limoges.

Le 5 mai 1858, les vétérans du premier empire firent célébrer à la cathédrale de Limoges un service funèbre pour le repos de l'âme du *martyr de Sainte-Hélène.*

M. le général de Montauban en faisait les honneurs.

La cérémonie fut faite avec toute la pompe qu'elle

comportait : on peut en juger par le compte qui en fut rendu le lendemain :

« Hier matin, un service funèbre pour le repos de l'âme de Napoléon Ier a été célébré à la cathédrale de Limoges sur la demande des anciens militaires de l'empire décorés de la médaille de Sainte-Hélène.

» M. le curé Chauvignat, qui n'a voulu recevoir aucun honoraire, avait fait tendre sa vaste basilique de tentures noires comme aux plus grandes solennités. On remarquait dans l'enceinte un magnifique catafalque tout resplendissant de lumières.

» C'était un spectacle aussi émouvant que curieux que de voir ces vieux braves défiler au pas militaire depuis le Cercle littéraire, où, par l'ordre de M. le général commandant la division, avait été les prendre un piquet d'honneur avec la belle musique du 28e de ligne.

» Tous les chapeaux étaient bas, tous les fronts s'inclinaient sur le passage de ces vénérables débris de la grande armée.

» Arrivés, au nombre de deux cent cinquante, à la cathédrale, où des places leur avaient été réservées, ils ont trouvé dans le chœur de l'église M. le général Cousin de Montauban, commandant la division, le corps des officiers de la garnison, un grand nombre de militaires, M. de Champagnac, premier adjoint, ceint de son écharpe. Une foule immense, attirée par la nouveauté du spectacle, par le souvenir du grand homme et par l'affection que porte à l'Empereur actuel notre population tout entière, n'a cessé d'encombrer l'église jusqu'à la fin de la cérémonie.

» Le service a été chanté par M. l'abbé Boyer, chanoine de la cathédrale, noble débris, lui aussi, de nos héroïques phalanges, et décoré de la médaille de Sainte-Hélène.

» Après la messe, M. l'abbé Boyer est monté en chaire, et a prononcé un discours avec une émotion qui s'est communiquée à tout l'auditoire. Au moment où M. le général venait de jeter l'eau bénite, il a fait retentir par trois fois le cri de *vive l'Empereur !* Ce cri, qui était dans toutes les bouches, a été répété par les milliers de voix des assistants avec un entraînement indescriptible. »

Le lendemain de cette cérémonie, j'eus l'honneur d'envoyer à M. le général de Montauban, décoré de la médaille de Sainte-Hélène, un tableau que j'avais adressé à S. M. l'Empereur et à Son Exc. le ministre de la guerre. Ce tableau contenait les noms et prénoms de tous les vétérans du premier empire de Limoges au nombre de 315.

Le général m'écrivit immédiatement une lettre qui

honore trop et les vétérans du premier empire et moi-même pour que je ne m'empresse pas de la reproduire ici :

« Limoges, le 5 mai 1858.

» Monsieur ,

» J'ai l'honneur de vous accuser réception du tableau que vous m'avez envoyé, contenant les noms de tous vos anciens camarades de Limoges les braves médaillés de Ste-Hélène. Je vous remercie, Monsieur, de cet envoi et d'un travail qui atteste l'excellent esprit dont vous êtes animé.

» Recevez, Monsieur, etc.

» *Le général de division commandant la 21e division*
» *militaire* ,

» Cousin de Montauban. »

Maintenant il ne reste plus aux débris de l'héroïque phalange qu'un souhait à former : c'est que le vainqueur des Chinois, bientôt de retour en France, vienne à Limoges recevoir les hommages sincères de ceux qu'il honora de sa bienveillante considération, et pour répéter avec eux : *Vive l'Empereur !*

LIMOGES. — IMPRIMERIE DE CHAPOULAUD FRÈRES.
Rue Montant-Manigne , 7.